EIN GRUß IN DEINEM BRIEFKASTEN,
EINE BLUME VOR DEINER TÜR,
JEMAND HAT AN DICH GEDACHT –
WELCH EIN GLÜCK!

EINE BLUME

KÜMMERT SICH NICHT DARUM,

WIE HÜBSCH EINE ANDERE IST.

Sie blüht einfach.

Bildnachweis
Titel und Seiten 1, 11, 12, 24–26 und 51: © MarushaBelle/shutterstock.de
Seiten 5–8, 10, 11, 21–27, 29, 30, 32, 33, 35, 37, 38, 40, 41 und 46–49: © Ann.and.Pen/shutterstock.de

Textnachweis
Seiten 1, 17 und 22: Kartini Diapari-Öngider
Seiten 2, 5, 28 und 41: Yvonne Wagner
Seite 10: Franziska von Kapff-Essenther
Seite 12: Siddharta Gautama
Seite 20: Johann Wolfgang von Goethe
Seite 26: Oscar Wilde

Die Rechte für die Texte liegen bei den Autoren/Verlagen.
Trotz intensiver Bemühungen war es dem Verlag leider nicht in allen Fällen möglich,
den jeweiligen Rechtsinhaber ausfindig zu machen:
Für Hinweise sind wir dankbar. Rechtsansprüche bleiben gewahrt.

ISBN 978-3-86229-744-3

Grafik Werkstatt „Das Original" GmbH & Co. KG · Stadtring Nordhorn 113 · D-33334 Gütersloh
www.grafik-werkstatt.de

MIT SICH SELBST ZUFRIEDEN SEIN,
IST WIE EIN VIERBLÄTTRIGES
KLEEBLATT FINDEN:
NICHT EINFACH,
ABER BRINGT GLÜCK.

LEBE IM MOMENT

Forsche unendlich

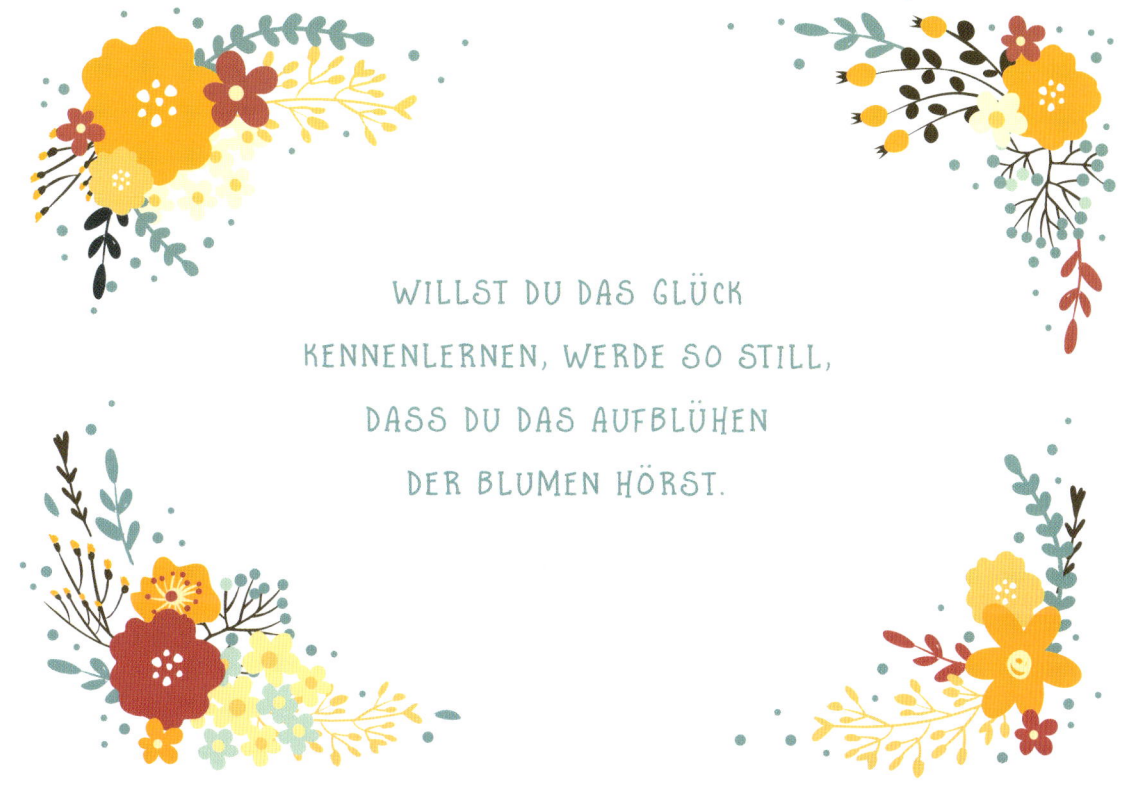

WILLST DU DAS GLÜCK
KENNENLERNEN, WERDE SO STILL,
DASS DU DAS AUFBLÜHEN
DER BLUMEN HÖRST.

NICHTS IN DER NATUR

BLÜHT DAS GANZE JAHR ÜBER.

ALLES HAT SEINE ZEIT.

GLÜCK KOMMT IN WELLEN

FINDE HERAUS, WAS DIR *Freude* BEREITET.

LASS LOS, WAS DICH VERLETZT ODER DIR IM WEGE STEHT,

VERBRINGE ZEIT AN ORTEN, DIE DIR GUTTUN

UND SCHENKE DEINE ZEIT DEN MENSCHEN, DIE DU *liebst.*

Vertraue in dich

FRAGE EHRLICH
UND SPRICH OFFEN.

DIE SCHÖNSTEN ENTDECKUNGEN
MACHT MAN JENSEITS
VON VERTRAUTEN WEGEN.

TEILE GROßZÜGIG

ES GEHT NICHT DARUM,
WAS *die Welt*
FÜR DICH BEREITHÄLT,
SONDERN WAS DU
ZU IHR BEITRÄGST.

ENTDECKE NEUGIERIG

GLÜCK IST MANCHMAL EINFACH

SCHOKOLADE, MUSIK UND

EINE WARME BADEWANNE.

HOFFE IMMER

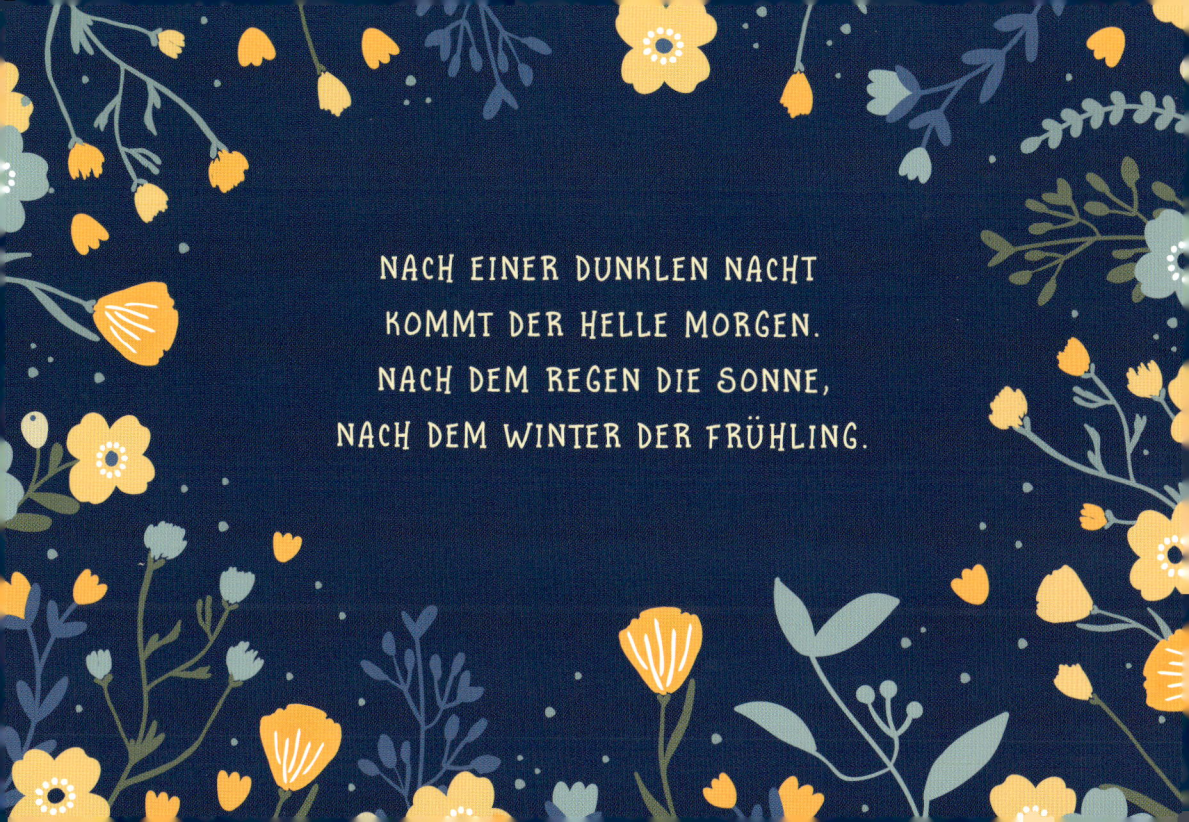

NACH EINER DUNKLEN NACHT
KOMMT DER HELLE MORGEN.
NACH DEM REGEN DIE SONNE,
NACH DEM WINTER DER FRÜHLING.

lache
mitreißend

NICHTS BLEIBT,
WIE ES SOLL,
DAS IST JA GERADE
DAS SPANNENDE
DARAN.

Warte
gespannt

AM ENDE WIRD ALLES GUT

UND WENN ES NICHT *gut* WIRD,

IST ES NOCH NICHT DAS ENDE.

NICHT ALLES MUSS SINN ERGEBEN.

UM GLÜCKLICH ZU SEIN,
MUSST DU NIEMANDEM GEFALLEN
AUßER DIR SELBST.

ES GIBT 1000 GRÜNDE,

UM *glücklich* ZU SEIN.

JEDER NEUE TAG IST EIN GRUND,

VOM MONTAG BIS ZUM PIZZATAG.

JEDER FREUND IST EIN GRUND,

VOM HAUSTIER BIS ZUM LIEBLINGSMENSCHEN.

JEDES NOCH SO *kleine Wunder*

IST EIN GRUND, VOM MARIENKÄFER

BIS ZUM VERGISSMEINNICHT.

WAS IMMER
DU TUN KANNST
ODER TRÄUMST, ES TUN
ZU KÖNNEN,

FANG DAMIT AN!

BEGRÜSSE JEDE NEUE ERFAHRUNG,
DENN DAS GLÜCK IST NICHT IMMER DA,
WO WIR ES VERMUTEN,
ABER MEISTENS DORT, WO WIR ES
AM WENIGSTEN ERWARTEN.

DAS NICHTSTUN GENIESSEN
LANGEWEILE ZULASSEN
STILLE AUSHALTEN
DAS ALLEINSEIN FEIERN UND
PLÖTZLICH FÄNGT TATSÄCHLICH
DIE SEELE AN ZU BAUMELN

LEBE UNBESCHWERT

ES GIBT VERSCHIEDENE WEGE ZUM GLÜCK,
MAL SIND ES UMWEGE, AUSWEGE,
IRRWEGE, GERADE ODER VERSCHLUNGENE WEGE.

WIR lachen,
WEIL WIR GLÜCKLICH SIND.
WIR SIND glücklich,
WEIL WIR LACHEN.

ES GIBT KEINEN WEG ZUM GLÜCK.
GLÜCKLICH-SEIN IST DER WEG.

UND PLÖTZLICH
IST ER DA,
DIESER MOMENT,
DER MITTEN INS
HERZ TRIFFT.

WARUM WIR DAS GLÜCK NICHT FINDEN?

WEIL WIR ES DA SUCHEN, WO ES NICHT IST,

AUF DEM GIPFEL DES DASEINS, IN WEITEN FERNEN,

WO DIE „BLAUE BLUME" WÄCHST.

DAS GLÜCK ABER IST AN EINEM STILLEN,

DUNKLEN, TIEF VERBORGENEN ORT,

DER UNS SEHR NAHE LIEGT UND WO

WIR DENNOCH NUR ALLZU SELTEN HINKOMMEN:

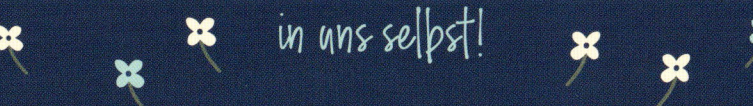

in uns selbst!

SAMMLE HEUTE SO VIELE

Sonnenstrahlen

WIE DU KANNST

GLÜCK IST REGEN, WENN ES HEISS IST,

GLÜCK IST SONNE NACH DEM GUSS,

GLÜCK IST, WENN EIN KIND EIN EIS ISST,

GLÜCK IST AUCH EIN LIEBER GRUSS.

DIE *schönsten* UND

besten DINGE IM LEBEN

KANNST DU NICHT

MIT DEN HÄNDEN FESTHALTEN,

SONDERN NUR IN DEINEM

Herzen SPÜREN.

FÜHLE TIEF

NIMM GERN ENTGEGEN,

WAS DER TAG DIR SCHENKT:

DIE SONNE UND DEN REGEN,

DIE LUFT UND DAS LEBEN,

DAS LACHEN UND DAS WEINEN,

das Wunder jedes Augenblicks.

Danke herzlich

MANCHMAL NEHMEN

DIE KLEINSTEN DINGE

DEN GRÖSSTEN PLATZ

IM HERZEN EIN.

BEIM ANBLICK VON BÄUMEN

IM RAUSCHEN DES MEERES

AUF BLÜHENDEN WIESEN

IM GLITZERN DER STERNE

DA IST DAS GLÜCK ZU FINDEN

Hallo Glück, wo bist du?

MANCHMAL FINDE ICH DICH AM MEER,
MANCHMAL IN DEN BERGEN,
IN EINEM BESONDEREN MOMENT ODER
AN EINEM GANZ NORMALEN TAG,
IN EINER BEGEGNUNG ODER IM TRAUM,
IN DER ZWEISAMKEIT WIE IM ALLEINSEIN.

GLÜCK IST FÜR JEDEN ETWAS ANDERES,
DOCH IST EINES IMMER GLEICH:
ES FÜHLT SICH WUNDERVOLL AN.